Benedikt Grande, Daniel Schreiner

Infrastruktur für mobile Anwendungen

GRIN Verlag

Bibliografische Information der Deutschen Nationalbibliothek:

Die Deutsche Bibliothek verzeichnet diese Publikation in der Deutschen National-
bibliografie; detaillierte bibliografische Daten sind im Internet über http://dnb.d-
nb.de/ abrufbar.

Impressum:

Copyright © 2008 GRIN Verlag GmbH
Druck und Bindung: Books on Demand GmbH, Norderstedt Germany
ISBN: 978-3-640-56716-4

Dieses Buch bei GRIN:

http://www.grin.com/de/e-book/145710/infrastruktur-fuer-mobile-anwendungen

GRIN - Your knowledge has value

Der GRIN Verlag publiziert seit 1998 wissenschaftliche Arbeiten von Studenten, Hochschullehrern und anderen Akademikern als eBook und gedrucktes Buch. Die Verlagswebsite www.grin.com ist die ideale Plattform zur Veröffentlichung von Hausarbeiten, Abschlussarbeiten, wissenschaftlichen Aufsätzen, Dissertationen und Fachbüchern.

Besuchen Sie uns im Internet:

http://www.grin.com/

http://www.facebook.com/grincom

http://www.twitter.com/grin_com

Seminararbeit

Zu dem Thema

Infrastruktur für mobile Anwendungen

Vorgelegt an der Fachhochschule Würzburg
Fakultät Informatik / Wirtschaftsinformatik
Im Technologieseminar des WS08/09

Von
Benedikt Grande

&
Daniel Scheiner

Inhaltsverzeichnis

1. Einleitung und Abgrenzung

Gartners strategische Planungsannahme im Bereich Client Computing, eines der Top-Themen der neuen Studie „Gartner's Top Predictions for IT Organizations and Users, 2008 and Beyond" besagt, dass „bis zum Jahr 2012 50% der Arbeitnehmer ihre Notebooks auf Reisen zu Gunsten von anderen Geräten daheim lassen werden."[1] Zusammen mit dem aktuellen Trend zu so genannten Netbooks[2] verdeutlicht dies das aktuelle und weitere Wachstums-Potential, welches im Markt für mobile Technologien und Anwendungen steckt.

Die Verwendung mobiler Telekommunikations-Technologien und -Anwendungen gilt auch in IT-fremden Branchen als entscheidender Wettbewerbsfaktor. Auch privat können oder wollen immer mehr Menschen nicht mehr auf den Komfort des Mobiltelefons oder des Laptops mit kabellosen Zugang zum Internet verzichten. Die aktuellen Smartphones ermöglichen dabei schon ständige Erreichbarkeit und bieten umfangreiche Funktionen für das geschäftliche Umfeld, von einfachem E-Mail- und Datenaustausch bis hin zu voll funktionalem Internet-Zugang. Darüber hinaus fungieren sie als multimediales Unterhaltungszentrum mit integrierten MP3- und Video-Playern und ermöglichen mobile Navigation mit Hilfe von Satellitennavigationssystemen. Neue Technologien statten zudem Ultra-Mobile PCs (UMPC) sowie die Smartphones der nächsten Generation mit leistungsfähigeren Batterien, effizienteren CPUs mit verringerter Leistungsaufnahme sowie optimierten WLAN-, 3/4G-Fähigkeiten und kombinierten (A-)GPS-Empfängern aus. Als Folge dieser technologischen Fortschritte haben sich auch die mobilen Anwendungs-möglichkeiten weiterentwickelt.

Der Schwerpunkt dieser Arbeit liegt daher auf den aktuellen und zukünftigen Technologien, welche als Grundlagen (Infrastruktur) für mobile Anwendungen verwendet werden können. Bereits durchdringend etablierte Mobilfunk-Standards (wie z.B. GSM, EDGE oder SMS) sowie Software-Standards, -Architekturen und mögliche Anwendungsbeispiele werden vor diesem Hintergrund nur am Rande angesprochen. Details zu den Grundlagen der Datenübertragung und -Verarbeitung werden nach dem Besuch der Vorlesung „Grundlagen der Datenkommunikation" als bekannt vorausgesetzt und deshalb in dieser Arbeit ebenfalls nicht näher thematisiert.

---

1 Vgl. [PSF+08, S.7]
2 Subnotebooks, die vor allem als portable Internet-Clients gedacht sind.

2. Definition

Der Begriff der Infrastruktur leitet sich aus dem lateinischen Wort *infra* (Akk. der, die, das Untere; unterhalb) ab und gilt im gängigen Sprachgebrauch als Bezeichnung der notwendigen Grundeinrichtungen für darauf aufsetzende Verwendungsmöglichkeiten. Die IT-Infrastruktur umfasst damit alle zur elektronischen Datenverarbeitung (EDV) eingesetzten Elemente und folglich die baulichen Voraussetzungen (Gebäude, Klima- und Schutzraum, etc.), sämtliche Hardware (Server, Netzwerk, etc.) sowie die Software (Betriebssysteme, Treiber, etc.), welche die Grundlagen für darauf basierende Anwendungen darstellen.

Die Infrastruktur für mobile Anwendungen kann somit in zwei Hauptbereiche unterteilt werden: Auf der Seite der Kommunikation mit Datenquellen oder anderen Anwendungen und Geräten stehen die technologischen Grundlagen der Informationsübertragung. Komplementär dazu existiert das Rahmenwerk, welches die Ausführung und Darstellung mobiler Anwendungen sowie die Anbindung selbiger an die Informationsübertragung ermöglicht. Aus diesen Definitionen bieten sich die Begriffe Kommunikationsinfrastruktur und Client-Infrastruktur als prägnante Umschreibungen dieser beiden Teilbereiche an.

Unter die Kommunikationsinfrastruktur fallen u.a. die nachfolgend vorgestellten Technologien zur Übertragung von Daten wie beispielsweise der Mobilfunkstandard GSM zur Sprachübertragung oder den so genannten 3G-Technologien, den Standards der „dritten Generation" zur Übertragung von Daten. Zudem gehören auch Technologien zur Positionsbestimmung wie etwa das amerikanische Navstar-GPS in diesen Bereich.

Die Client-Infrastruktur umfasst dagegen Smartphones, Laptops und so genannte Netbooks sowie die technologischen Grundlagen dieser Client-Devices wie etwa Prozessoren, welche speziell für die mobile Verwendung entworfen und optimiert wurden. Darüber hinaus sind auch das Betriebssystem, also die Software, welche für die Steuerung und grundlegende Interaktion mit der eben genannten Hardware verantwortlich ist, sowie die verwendeten Programmiersprachen als Basis der mobilen Anwendungen und natürlich die Anwendungen selbst Teil der Client-Infrastruktur.

3. Technologische Grundlagen

In diesem Kapitel werden die technologischen Grundlagen für mobile Anwendungen vorgestellt, die auf der Basis von Kommunikationsinfrastruktur und Client-Infrastruktur aufsetzen. Die Kommunikationsinfrastruktur kann dabei in Mobilfunk- und Navigationsstandards unterteilt werden.

3.1 Kommunikationsinfrastruktur

Im ersten Teil diesen Kapitels werden die derzeit wichtigsten und meist genutzten Mobilfunkstandards beschrieben. Aufgrund der thematischen Überschneidungen mit der eingangs erwähnten Vorlesung, konzentriert sich die Beschreibung, anstelle einer erneuten Erklärung der technischen Grundlagen, auf die Beschreibung der Neuerungen in diesem Bereich sowie deren Verbreitung und Anwendungsmöglichkeiten. Danach wird auf einige Besonderheiten und Fähigkeiten der zukünftigen Übertragungsstandards eingegangen. Da auch Technologien zur Lokalisierung und Echtzeit-Routenplanung vermehrt Anwendung in mobilen Geräten finden, werden im zweiten Abschnitt die Funktionsweise und neuen Entwicklungen von Systemen zur Positionsbestimmung beschrieben.

3.1.1 Mobilfunkstandards

Seit Erfindung der ersten Funktechnologien im späten 19. Jahrhundert kann die mobile Kommunikation auf eine rasante Entwicklungsgeschichte zurückblicken. Während dieser Zeit sind viele verschiedene, vor allem lokal genutzte Kommunikations-Technologien entstanden und es wurde insbesondere seit Einführung der ersten digitalen Funktechnologien dementsprechend viel Kapital in den Aufbau der jeweiligen Infrastrukturen investiert. Auch heute befinden sich noch viele verschiedene Technologien im Betrieb, manche davon mit einer flächendeckenden Infrastruktur, andere wiederum nur mit wenigen Zweck-orientierten Anwendungsmöglichkeiten. Da es im Rahmen dieser Arbeit unmöglich wäre, alle Technologien ausreichend zu beschreiben, beschränken wir uns auf eine Auswahl der derzeit gängigsten und am häufigsten verwendeten kabellosen Übertragungsmöglichkeiten und gehen danach auf zukünftige bzw. in Entwicklung befindliche mobile Kommunikations-Standards ein.

GSM (Global System for Mobile Communications)

Bei GSM[3] handelt es sich um den digitalen Nachfolger der analogen Mobilfunksysteme und damit um den ersten Standard der so genannten zweiten Generation („2G") mit einer Reichweite von mehreren Kilometern. Als der immer noch am weitesten verbreitete Mobilfunk-Standard der Welt ist er in Deutschland unter anderem auf den Frequenzbereichen 880 bis 915 und 925 bis 960 MHz angesiedelt. Mit Hilfe einer Kombination des Zeit- und Frequenzmultiplex-Verfahrens werden die Daten über 200 KHz-Kanäle im genannten Frequenzbereich übertragen. Mittlerweile wird dieser, mit den Spezifikationen HSCSD (High Speed Circuit Switched Data), GPRS (General Packet Radio Service) und EDGE (Enhanced Data Rates for GSM Evolution) für schnellere Übertragungsraten erweiterte Standard, von Technologien der dritten Generation („3G") beziehungsweise UMTS abgelöst.[4]

Während die Erweiterungen GPRS und EDGE inzwischen von den meisten Telefonen und Providern unterstützt werden, ist die Verbreitung von HSCSD, bei dem es sich im Prinzip um ein Verfahren zur Kanalbündelung handelt, noch vergleichsweise gering. Nach GPRS als das erste Paket-vermittelnde Übertragungsverfahren wurde diese Funktionalität mit EDGE dank eines neuen Phasenmodulationsverfahrens (8-PSK) erweitert. Theoretisch sind damit Übertragungsraten von bis zu 384 KBit/s möglich, weshalb EDGE als Zwischenschritt („2.75G") beim Übergang zu UMTS angesehen wird.[5]

UMTS (Universal Mobile Telecommunications System)

Mit UMTS, dem Mobilfunkstandard der dritten Generation (3G) sind deutlich höhere Übertragungsraten (von 384 Kbit bis zu 7,2 Mbit/s mit HSDPA)[6] als mit GSM möglich. Der Standard wird heute von dem 3GPP (3rd Generation Partnership Project)[7] weiterentwickelt und gepflegt.[8] Mit Hilfe der Erweiterungen HSDPA (High Speed Downlink Packet Access) und HSUPA (High Speed Uplink Packet Access) wurden die Übertragungsraten für den Empfang sowie für das Senden erhöht.[9] Die Übertragung funktioniert auf einer festen Bandbreite über satelliten- oder erdgestützte Sendeanlagen mit einer wesentlich geringeren Antennen-Reichweite als bei GSM und nutzt das Übertragungsverfahren

---

3 Vgl. [Lehn03, S. 31.]
4 Weitere Informationen zu HSCSD, GPRS und EDGE: [Lehn03], S. 41 ff.
5 EDGE: [3GPP_GPRS].
6 Vgl. [ComW_WFeb08]
7 Siehe: [3GPP].
8 Vgl. [Lehn03, S. 65 ff.]
9 Vgl. [ComW_TJan06].

Wideband CDMA (WCDMA).[10] Unterteilt in 5 MHz-Kanäle werden hauptsächlich die Frequenzen im Bereich von 1920 bis 1980 bzw. 2110 bis 2170 MHz im FDD (Frequency Division Multiplex)-Modus verwendet.[11]

Trotz der Vergabe von teuren Lizenzen im Jahr 2000 für den eingeschränkten Frequenzbereich[12] und dem Bemühen der Netzbetreiber, eine flächendeckende Infrastruktur aufzubauen, wird UMTS bisher noch nicht weitläufig verwendet. Lediglich ca. 10% der Mobilfunktteilnehmer weltweit nutzen derzeit UMTS, der größte Teil davon kommt aus Europa, wobei die Verbreitung in Deutschland noch vergleichsweise gering ist.[13]

Durch UMTS und seine Erweiterungen ist die Nutzung von Multimedia-Inhalten mit deutlich schnelleren Übertragungszeiten möglich geworden und damit dank der Möglichkeit mehrerer paralleler Datenkanäle auch die gleichzeitige Verwendung von Web- und Video-Inhalten sowie Kommunikation. Allerdings müssen sich die Nutzer einer Funkzelle die zur Verfügung stehende Bandbreite teilen, was bei exzessiver Nutzung zu Einbußen bei der individuell möglichen Geschwindigkeit führen kann.

WLAN (Wireless Local Area Network)

Als WLAN wird in der Regel das vor allem von Notebooks genutzte drahtlose Netzwerk bezeichnet. Meistens handelt es sich dabei um den vom Institute of Electrical and Electronics Engineers 1997 erstmalig herausgegebenen und gepflegten IEEE-802.11 WiFi-Standard bzw. dessen Weiterentwicklungen. Ein solches kabelloses Netzwerk bietet eine vergleichsweise hohe Übertragungsrate von zu Beginn 2 bis aktuell 54Mbit/s, die allerdings selbst auf freiem Feld meist auf unter 100 bis maximal 160 Meter Reichweite beschränkt ist.[14] Derzeit ist eine Erweiterung des Standards in Arbeit, welche in der Version 802.11n auch Geschwindigkeiten von bis zu 600Mbit/s erreichen können soll.[15] Weitere Einschränkungen ergeben sich selbstverständlich durch Gebäude, Wände und die jeweils verwendeten Baumaterialien. Technisch wird hier auf den lizenzfreien[16] Frequenzen von 5,15 bis 5,725 und 2,4 bis 2,4835 GHz in 20 MHz-Kanälen vorrangig das Modulationsverfahren OFDM genutzt und zur Kommunikation Anpassungen der Schichten 1 und 2 des OSI-Referenzmodells verwendet.[17]

---

10 Vgl. [Lehn03, S. 61-63.]
11 Siehe Frequenzblöcke: [BNA_UMTS1].
12 Vgl. [CelTSep08].
13 Siehe: [BitKFeb08] und [TecCMai06] und [AmobileSep08].
14 Vgl. [IEEE802.11-07].
15 Vgl. [HeiseJun08].
16 Vgl. Nutzungserlaubnis in Deutschland: [BNA_WLAN1] und [BNA_WLAN2].
17 Vgl. OFDM: [Demb06, S. 1241]; OSI-Referenzmodell: [Scherff06, S. 282].

Dabei stehen verschiedene Modi zur Kommunikation zwischen den Geräten zur Verfügung, unter anderem mit Hilfe einer Basisstation bzw. einem Access-Point (Infrastructure Mode), der die Koordination aller beteiligten Netzwerk-Teilnehmer übernimmt. Für die Teilnahme in diesem Netzwerk müssen die Endgeräte lediglich den Netzwerknamen sowie einige Verschlüsselungsparameter kennen, die vom Access-Point in regelmäßigen Abständen ausgestrahlt werden. Eine weitere Möglichkeit ist die direkte Verbindung (Ad-Hoc) mit einem anderen Gerät, ohne einen zwischengeschalteten Knotenpunkt nutzen zu müssen. Zuletzt existieren noch Methoden, die vor allem zur Erhöhung der Reichweite genutzt werden und z.b. die Funkübertragung eines bestimmten kabellosen Netzwerkes verstärken (Wireless Distribution System (WDS) oder Repeating).[18]

Da die Datenübertragung über Funk vergleichsweise einfach abgefangen bzw. mitgehört werden kann, wird das anfangs weit verbreitete Verschlüsselungsverfahren Wired Equivalent Privacy (WEP) vermehrt durch das wesentlich sicherere Wi-Fi Protected Access (WPA) bzw. WPA2 abgelöst. Eine weitere Möglichkeit und häufig verwendete Methode ist die Nutzung von Virtual Private Networks (VPN) um die Übertragung von vertraulichen Informationen zu sichern. [19]

WiMAX (Worldwide Interoperability for Microwave Access)

Vorangetrieben von Intel und mittlerweile von einem über 400 Unternehmen starken Verbund (dem so genannten WiMAX-Forum[20]) unterstützt, ist das über den Standard IEEE 802.16[21] mit mittlerweile einigen Erweiterungen spezifizierte WiMAX unter anderem als Ergänzung bzw. mobile Alternative zu DSL oder UMTS im Gespräch. Auch hier liegt das OSI-Schichtenmodell für die Kommunikation zu Grunde; im Gegensatz zu WLAN ist die Rolle der Basisstation allerdings von größerer Bedeutung, da diese über die Sende-Rechte der Knotenpunkte entscheiden darf.[22] Als Modulationsverfahren wird auch hier wie bei WLAN hauptsächlich OFDM genutzt, außerdem können über die verschiedenen Erweiterungen des Standards eine Vielzahl an Frequenzbereichen, unter anderem zwischen 2 und 11 GHz, genutzt werden.[23]

Möglich ist sowohl die Nutzung mit ortsfesten (zellgebundenen) als auch mit tragbaren

---

18 Vgl. Grundkurs Computernetze: [Scherff06, S. 281-282].
19 WEP + WPA: [Scherff06, S. 285, 286]. VPN: z.B. [Lipp01].
20 Siehe: [WimaxF1].
21 Vgl. [IEEE_802.16].
22 Vgl. [IEEE_802.16-04] und [WimaxF2].
23 Vgl. [IEEE_802.16-04].

Geräten. Gerade in eher schwach besiedelten Gebieten, aber auch innerhalb einer großen Stadt oder Region beispielsweise als Metropolitan Area Network (MAN)[24] bietet sich WiMAX als bevorzugte Mobilfunk-Lösung an. Ein bedeutender Vorteil der Technologie ist die bei überdurchschnittlich kurzen Reaktionszeiten große Reichweite von üblicherweise 3-10 Kilometern. Vergleichbar mit UMTS müssen sich die Anwender auch hier die zur Verfügung stehende Bandbreite von theoretisch bis zu ca. 300 MBit/s teilen, welche allerdings für bestimmte Übertragungsarten reserviert werden kann.[25] Seit der Lizenz-Versteigerung der WiMAX-Frequenzen in Deutschland wurden in Würzburg sowie in einigen anderen Städten WiMAX-(Test-)Projekte gestartet. Obwohl die Verbreitung und Akzeptanz des Standards bisher als gering eingestuft wird, verzeichnen die WiMAX-Betreiber weltweit Wachstumsraten im zweistelligen Bereich.[26]

WPAN (Wireless Personal Area Network)

Bei WPAN handelt es sich um ein drahtloses Peronal Area Network, also um ein Netzwerk, über das mit Hilfe einer Kurzstrecken-Funktechnik Geräte in der unmittelbaren Umgebung (ca. 0,1-50m) des Nutzers angesteuert werden können. Bereits bekannte Technologien sind z.B. IrDA (Infrarot, bis zu 16Mbit/s)[27] oder Bluetooth (bis zu 3Mbit/s)[28]. Problematisch ist bei beiden Technologien die relativ geringe Übertragungsgeschwindig-keit sowie im Fall von Infrarot der erforderliche Sichtkontakt zwischen den kommunizieren-den Geräten. Dafür sind die Geräte vergleichsweise energieeffizient und dank der geringen Reichweite besser gegen Angriffe geschützt.

Ein neuer, noch in der Entwicklung befindlicher Standard, ist die von Intel und der WiMedia-Alliance[29] geförderte Ultra-Wideband (UWB)-Technologie.[30] Diese soll mit Hilfe der WLAN-Übertragungs-Technologien bzw. größerer Frequenzbereiche zwischen 3,1 und 10,6 GHz mit Kanalgrößen über 500 MHz eine höhere Übertragungsgeschwindigkeit von bis zu 480 MBit/s erreichen und die Anbindung einer großen Anzahl von Multimedia-Geräten, speziell im High Definition (HD) Bereich, unterstützen. Die erste Anwendung von WLAN und UWB im Bluetooth 2.2 Standard wurde für Mitte 2009 angekündigt[31] und soll Übertragungsraten von 30 bzw. 300 MBit/s ermöglichen.

---

24 Siehe: [Tane04, S. 24 f].
25 Vgl. [IEEE_802.16-04] und [WimaxF2] (22.11.2008).
26 Siehe: [HeiseApr06] und [WimaxTr]: November 25, 2008: WiMAX Wonders What Down Economy?.
27 Vgl. [IrDA_W].
28 Vgl. [BlueT_Ov].
29 [Wimedia].
30 Vgl. [Intel_UWB].
31 Vgl. [ComW_MDez08].

Die Verbindungen erfolgen dabei in der Regel als Point-to-Point oder Point-to-Multipoint Kommunikation. Die möglichen Anwendungsgebiete sind beispielsweise die Verbindung von Notebooks mit Druckern, Kameras, PDAs, Freisprecheinrichtungen oder Mobiltelefonen. Daraus ergeben sich vielfältige Anwendungsszenarien. So können beliebige Multimedia- und Peripherie-Geräte mit einer Vielzahl von PCs vernetzt werden und so dem unpraktischen „Kabelsalat" dank UWB auch bei der Übertragung von großen Datenmengen ein Ende bereiten. Die WiMedia-Alliance verspricht außerdem sehr energieeffiziente und nicht zuletzt preisgünstige Geräte aufgrund der nicht vorhandenen Funk-Lizenzkosten.

Der einzige Wermutstropfen bei der Verwendung von UWB ist die mögliche Interferenz zu bestehenden Übertragungsgeräten, was die Bundesnetzagentur allerdings nicht davon abgehalten hat, im Januar 2008 mehrere Frequenzbereiche für diese Technologie freizugeben.[32]

Die Zukunft

Eine weitere in Arbeit befindliche und bis 2010 zur Einführung angekündigte Entwicklung ist HSOPA (High Speed OFDM Packet Access)[33], das im Rahmen des von Mobilfunkunternehmen gestarteten Projekts NGMN (Next Generation Mobile Networks)[34] entwickelt wird. Dabei handelt es sich um einen geplanten zukünftigen Mobilfunkstandard[35], welcher auch „Long Term Evolution" (LTE) oder „3.9G" genannt wird. Die Technologie soll auf der bestehenden UMTS-Infrastruktur aufbauen und damit möglichst schnell und kostengünstig umgesetzt werden können. Hervorstechende Merkmale sind die Unterstützung von anfangs bis zu 100 Mbit/s[36] im Downlink und die Möglichkeit einer dauerhaften Internetverbindung sowie die Skalierung über mehrere Bandbreiten im UMTS-Frequenzbereich hinweg. Ähnlich wie bei WiMAX, welches auf bestimmte Regionen begrenzt auch Chancen auf die Nutzung in mobilen Telefonen und Computern hat, wird auch hier auf das OFDM-Modulationsverfahren[37] zurückgegriffen.

Neben einer größeren Anzahl an Basisstationen und einem Update der Infrastruktur-Hardware sind für die Nutzung und Verbreitung von LTE zudem neue Endgeräte notwendig, welche diese Technologie nutzen können. Dabei wird auch der vollständige

---

32 Freigabe durch die Bundesnetzagentur: [BNA_UWB1] und [BNA_UWB2].
33 Vgl. [TecCJun08].
34 [NGMN].
35 [ComW_WFeb08].
36 [ComW_WFeb08].
37 Vgl. [TecCJun08].

Übergang zum IP-Protokoll sowie IP-Telefonie diskutiert, wobei durch IPv6 auch die Adressierung jedes einzelnen Endgerätes mit einer eigenen IP-Adresse möglich ist.

Dank der rasanten Entwicklung dieser Technologien und mit Hilfe von WPAN ist eine noch stärkere Vernetzung verschiedenster Geräte, wie etwa die Interaktion mit Haushaltsgeräten oder ein interaktives Navigationsgerät, bald keine Zukunftsvision mehr und wird spätestens mit dem Start der ersten „4G"-Mobilfunknetze die Qualität der heutigen kabelgebundenen Netze erreicht haben.

Ausgehend von den Erfahrungen mit den bisherigen Mobilfunkstandards, insbesondere UMTS, wird der Start und sicherlich auch die Verbreitung der Technik allerdings länger dauern können, als bisher angenommen.

3.1.2 Navigations-Standards

Ein besonderer Teil der Kommunikationsinfrastruktur ist das globale Satellitennavigationssystem (engl. *Global Navigation Satellite System, GNSS*). Aktuell sind nur zwei solcher Systeme tatsächlich in Betrieb: NAVSTAR-GPS, das „Navigational Satellite Timing and Ranging - Global Positioning System" der USA und das russische GLONASS (Globalnaya Navigatsionnaya Sputnikovaya Sistema). Diese Systeme bieten in ihrer ursprünglichen Form und ohne später entwickelte Korrekturtechniken eine Genauigkeit von 5 bis 20m.[38]

Die Funktionsweise dieser Systeme beruht auf einem abgewandelten mathematischen Verfahren, der Trilateration, bei der eine Position aus den Entfernungen zu mindestens 3 Satelliten bestimmt werden kann. Jeder dieser Satelliten strahlt ein Signal aus, welches die genaue Zeit sowie Informationen über die eigene und die Umlaufbahnen der anderen Satelliten enthält. Die Entfernungen der Satelliten zum GPS-Empfänger lassen sich aus der Multiplikation der Signallaufzeit mit der Signalgeschwindigkeit berechnen. Die Signallaufzeit ist hierbei der wesentliche Faktor zur Berechnung dieser Distanzen, weshalb die Satelliten mit Atomuhren für extrem präzise Zeitmessungen ausgerüstet sind und alle Uhren in diesem System absolut synchron laufen müssen. Die Signallaufzeit entspricht dann immer der gemessenen Zeitverschiebung zwischen dem Zeitpunkt des Sendens und dem Empfang des Signals. Für eine Positionsbestimmung mit einer Abweichung von 3 Metern müssten diese Laufzeiten mit einer Genauigkeit von 10 Nanosekunden bestimmt

---

38 Vgl. [Mans03, S.171]

werden. Anstelle das Empfangsgerät jedoch mit einer entsprechend genauen Atomuhr für mehrere hunderttausend Euro auszustatten, wird die Abweichung der einfachen Quarzuhr üblicherweise mit Hilfe eines vierten Satelliten ermittelt und bei den Berechnungen berücksichtigt beziehungsweise synchronisiert.

Zur Verbesserung der Positionsbestimmung existieren aktuell zwei Möglichkeiten: der Empfang von mehr als 4 Satelliten und satellitengestützte Erweiterungssysteme, so genannte SBAS (Satellite-Based Augmentation Systems). Zu letzterem zählt das EGNOS System (European Geostationary Navigation Overlay Service), welches als Differential Global Positioning System (DGPS), einem satellitengestütztem Erweiterungssystem, eine Verbesserung der Positionsgenauigkeit der Systeme GPS und GLONASS von 10 bis 20 Meter auf 1 bis 3 Meter ermöglicht. Erreicht wird dies durch das Ausstrahlen von Korrekturinformationen zu Ephemeriden- und Zeitdaten, welche über fest installierte Bodenstationen mit eindeutig bekannten Koordinaten berechnet werden. Diese Korrektursignale werden über Funk und immer häufiger auch über das Internet oder das Mobilfunknetz an die Empfänger verbreitet.

Die Einsetzbarkeit von GPS-Navigation im Mobilen Sektor wurde bisher dadurch eingeschränkt, dass die satellitengestützte Positionsbestimmung mit GPS nicht dafür konzipiert wurde, häufige Unterbrechungen des Satellitenempfangs zu berücksichtigen, welche z.B. aus häufigen Ortswechsel resultieren oder dem sporadischen Abschalten des GPS-Empfängers um Strom zu sparen. Die bei Unterbrechungen des Satellitenempfangs notwendige, langwierige Neuberechnung der aktuellen geographischen Position sowie die ebenfalls erforderliche Aktualisierung des internen Almanachs sind sehr negative Faktoren für eine ökonomische Verwendung von GPS in mobilen Kommunikationsgeräten.

Aufgrund dieser Herausforderungen wurde das Assisted-GPS (AGPS) entwickelt. AGPS unterstützt die herkömmliche Positionsbestimmung durch die Bereitstellung von Lokalisierungs- und Almanach-Daten über das Internet und das Mobilfunknetz. Dafür wird das Prinzip der GSM-Ortung mit der GPS-Ortung kombiniert um eine schnellere Bestimmung der Erstposition („Time to first fix") und damit effizientere Positions-bestimmung zu ermöglichen.[39] Für die Lokalisierung wird die grobe Position des Empfängers anhand der Funkzelle in der sich das Mobiltelefon befindet verwendet. Diese Position kann durch Trilateration anhand der Signallaufzeiten der Mobilfunkmasten weiter präzisiert werden. Der ausschlaggebende Effekt resultiert jedoch aus der Übertragung der

---

39 Vgl. [Lehn03, S.104]

Almanach-Daten über das Internet bzw. Mobilfunknetz gegenüber der Aktualisierung über das Satellitensignal. Zusätzlich können auch die Korrekturinformationen von SBAS wie z.b. EGNOS verbreitet oder bereits mit Hilfe dieser Informationen aufbereitete GPS-Daten zur Verfügung gestellt werden.

3.2 Client-Infrastruktur

In den Bereich der Client-seitigen Infrastruktur lassen sich alle Technologien und Standards einreihen, welche dem Anwender den Zugang zur bereits beschriebenen Kommunikationsinfrastruktur ermöglichen. Neben eigens konzipierten Mikroprozessoren und Chipsätzen zählen dazu auch mobile Endgeräte wie etwa Laptops, Navigationsgeräte, Smartphones und alle weiteren technologischen Grundlagen für die ortsunabhängige Ausführung von Anwendungen.

Netbooks, also Laptops mit eher geringer CPU-Leistung, niedrigen Anschaffungskosten und starker Konzentration auf Netzwerkfähigkeiten und Portabilität, sind laut eines Reports von Gartner[40] im dritten Quartal diesen Jahres der Haupt-Treiber für den weltweiten Absatz von PCs. Das Konzept, welches diesen UMPCs zugrunde liegt, basiert auf der ausgeprägteren Verwendung von Web-Applications, Online-Storage und Ressourcen-schonenden Anwendungen. Anstelle rechenintensive Aufgaben auf dem Netbook selbst auszuführen, werden Dienste wie Google Docs, Adobe Photoshop Live oder andere im Internet angebotenen Dienstleistungen und damit die Rechenleistung externer Server verwendet. Dank dem vermehrten Einsatz von Linux als primären Betriebssystem sowie stromsparenden Prozessoren und Komponenten wie beispielsweise der Intel Atom CPU, rangieren Netbooks dazu in einem sehr attraktiven Segment um 300 bis 500€.

Die CPUs (Central Processing Unit) für mobile Endgeräte sind dazu durch fortschrittliche Stromsparmechanismen speziell für den Einsatz in Laptops und Smartphones konzipiert worden. Beispiele hierfür sind der Intel Atom, VIAs Nano oder AMDs Geode für Netbooks sowie Intels Lincroft oder Marvells Tavor (PXA930) für Mobiltelefone und Smartphones. Der Atom-Prozessor, dessen Architektur hier beispielhaft vorgestellt werden soll, baut auf der Intel-Atom-Mikroarchitektur auf und arbeitet nach dem Prinzip der In-Order-Ausführung. Dieses Vorgehen läuft entgegen der modernen Out-of-Order-Architekturen aktueller und leistungsfähigerer CPUs, welche mit Funktionen arbeiten, für deren

---

40 Siehe [TWL08, S.3].

Implementation deutlich mehr Transistoren nötig sind, was neben der Vergrößerung der Die-Größe[41] auch die Produktionskosten und die Verlustleistung[42] erheblich steigert. Durch die In-Order-Ausführung, bei der alle Befehle in einer strikten Reihenfolge ausgeführt werden, fällt zwar die IPS, d.h. die Pro-Takt-Leistung (Instructions per Cycle) erheblich geringer aus, allerdings lassen sich Prozessoren mit geringerer Die-Größe kostengünstiger produzieren und sind dazu stromsparender. Die neueste Version des Atom kann zudem mit 64-Bit-AMD64-Befehlen umgehen. Die Konkurrenten AMD und VIA setzen dagegen auf die bisherige Out-of-Order-Architektur und reduzieren die Leistungsaufnahme an anderer Stelle, wie z.B. durch den Einsatz von optimierten Chipsätzen.

Die Integration von Prozessoren, Speicher und I/O-Controller (Input/Output) bildet die Grundlage einer neuen Architektur-Generation, den "computers-on-a-chip" oder „system-on-a-chip". Diese bietet weitaus mehr Potential für Einsparungen bei Energie- und Platzbedarf als es bei aktuellen Architekturen der Fall ist. Als eines der ersten erfolgreichen Beispiele dieses Ansatzes wurde die Tegra-GPU (Graphical Processing Unit) von Nvidia konzipiert, deren Einsatz vor allem für Smartphones und ultra-mobile Geräte geplant ist. Intels neuestes Produkt mit dem Codenamen „Moorestown" wird zudem neben CPU und GPU auch den Speicher und den I/O-Controller in einem Baustein verbinden.

Von derart optimierten Komponenten unterstützt, bieten moderne PDAs, UMPCs und Smartphones ein ungewohnt breites Einsatzspektrum. Zusammen mit GPS-Empfängern wie dem SIRF III und integrierten UMTS-Empfängern stellen sie die nächste Stufe der Evolution in der mobilen Unterhaltung und dem so genannten mobile Business dar.

Einen besonderen Bereich stellt das Embedded Computing dar. Der Ausdruck bezeichnet ein eingebettetes System welches in der Regel auf einen bestimmten Anwendungsbereich wie etwa die Steuerungs- und Schubkontrolle einer Interkontinental-Rakete beschränkt ist. Für komplexere Aufgaben, wie der Steuerung eines gesamten Wohnhauses, ist auch eine Kombination durch Vernetzung mehrerer eingebetteter Systeme möglich.

---

41 Englische Bezeichnung für den eigentlichen Chip auf der Platine, d.h. den Siliziumkern.
42 Überwiegend als Wärme freigegebene Differenz zwischen tatsächlicher Leistung (Leistungsaufnahme) und der abgegebener Leistung (Leistungsabgabe) in der gewünschten Form.

4 Mobile Anwendungen

Unter Beachtung der Zugehörigkeit von Betriebssystemen und Anwendungs-Software als Teile der Infrastruktur für mobile Anwendungen bietet dieses Kapitel eine kurze Vorstellung von Software, welche die vorgehend beschriebenen Infrastrukturen nutzt. Dabei wird im Besonderen auf den Bereich Dedicated Mobile Computing und das Mobile Cloud Computing eingegangen.

4.1 Dedicated Mobile Computing

Beruhen Anwendungen, welche auf mobilen Endgeräten laufen, nicht auf dem Austausch von Daten und der Verwendung externer Rechenleistung, so lässt sich deren Ausführung als Dedicated Mobile Computing umschreiben. Das angebotene Spektrum umfasst dabei beinahe alle von PCs bekannten Software-Lösungen, angefangen von Anwendungen für die Ansicht und Bearbeitung von Dokumenten und Multimedia-Dateien, Routenplanungs-Programmen zur GPS-gestützten Navigation, Datenaustausch- und Storage-Lösungen mit Verschlüsselungsoptionen bis hin zu kombinierten Lösungen wie z.B. Social-Networking. Zuletzt gehört auch das jeweilige Betriebssystem (Operating System - OS) in diese Rubrik.

Die Umgebungsvariablen dieser Anwendungen hängen von der Wahl des Betriebssystems und der damit verbundenen Programmiersprache ab. Die fünf dominierenden Anbieter sind dabei Nokia, Microsoft (MS), RIM (Research in Motion), Apple und Google. Damit stehen Anwendern und Unternehmen drei proprietäre sowie zwei Open Source Betriebssysteme zur Auswahl: MS Mobile, das Blackberry-OS und OS-X gegenüber dem vollständig von Nokia übernommenen Symbian und Googles neuem Android. Mit dem neuen OS ALP (Access Linux Platform) von PalmSource, mittlerweile unter dem Namen Access firmierend, gesellt sich dazu noch ein sechster, tot geglaubter Anbieter unter die meist verbreiteten und erfolgversprechendsten Betriebssysteme.

Im Hinblick auf die Programmiersprachen stehen Entwickler, welche für eine der verbreiteten Plattformen Programme schreiben wollen, somit vor der Entscheidung zwischen C bzw. C++ und Objective-C oder Java. Der oft bemängelte Performance-Verlust bei der Programmierung in Java kann dabei inzwischen durch den Einsatz von Java-Accelerator-Chips in UMPCs und Next-Generation Smartphones ausgeglichen werden. Das bekannteste Beispiel ist der JA108-Chip[43] von Nazomi Communications Incorporated.

---

43 Ein Chip wird auch Silicon IC (Integrated Circuit, Integrierter Schaltkreis) genannt und bezeichnet ein elektronisches Bauelement.

Für die Entwicklung selbst existieren zumeist eigene Entwicklungswerkzeuge, die so genannten SDKs (Software Development Kit) z.b. das Google Android oder das iPhone-SDK, welche einen Emulator und Code-Beispiele bereitstellen, um die Entwicklung von Programmen zu vereinfachen.

4.2 Mobile Cloud Computing

Die Grundlegenden Informationen zur Funktionsweise und zum Nutzen von Grids und den darauf aufbauenden Clouds wurden bereits in der Seminararbeit „Grid Computing: Technologien und Anwendungen in Wissenschaft und Wirtschaft"[44] von Robert Karlovic und Philip vom Dorp detailliert behandelt und werden deshalb an dieser Stelle nicht näher erläutert.

Essentiell handelt es sich bei Cloud Computing um einen neuen Begriff für eine bereits bekannte Technologie bzw. um ein Geschäftsmodell. Die mit dem Cloud Computing verwandten On-Demand-Bereiche Software as a Service (SaaS) oder Application Service Providing (ASP) sind schon einige Jahre alt und funktionieren in einigen Bereichen sehr gut.[45]

Aus der Vielzahl der Definitionen lässt sich als Abgrenzung zum Grid Computing, bei dem in erster Linie die Erzeugung und Bereitstellung großer Rechenkapazität im Vordergrund stehen[46], folgende Erklärung ableiten:

Über das Cloud Computing wird ein Grid oder Cluster von einem Dienstleister um darauf zur Verfügung gestellte Anwendungen als Service erweitert. Der Anwender einer oder mehrere Software-Applikationen betreibt die dafür notwendige Server-Hardware und Software also nicht mehr selbst, sondern kauft (bzw. mietet) diese Leistung nach bedarf dynamisch bei einem externen Dienstleister. Die Daten und die Anwendungen werden dabei über mehrere (virtuelle) Rechner im Internet

Abbildung 1: Beispielanwendung von Cloud-Software; Quelle: http://www.arjuna.com/node/76, Arjuna Technologies Limited

---

44 Siehe [KD08].
45 Vgl. [ComW_SOkt08] und [ComW_ISAug08].
46 Weiterführend auch: [BS06] oder [FK04].

verteilt und unter Umständen von verschiedenen Anbietern zur Verfügung gestellt (Cloud) und können entweder über eine spezielle Client-Software oder in den meisten Fällen über den Web-Browser erreicht und bedient werden. Gartner definiert Cloud Computing aus den oben genannten Gründen daher als "Bereitstellen skalierbarer IT-Services über das Internet für eine potenziell große Zahl externer Kunden";[47] daraus folgernd entwickelt sich die IT schlussendlich immer mehr zum Gebrauchsgut wie z.b. Strom oder Wasser.[48]

Die aktuelle Entwicklung im Jahr 2008 lässt erkennen, dass immer mehr Global Player der Software-Industrie wie Google, SUN, IBM und Microsoft, welche derzeit sogar eine eigene Cloud-Plattform namens Azure[49] entwickeln, das Potential sowohl in Bezug auf den Gewinn als auch die Anwendungsmöglichkeiten des Cloud Ökosystems erkannt haben und in diesem Bereich mit umfassenden Investitionen aktiv sind.[50] Geht es nach den Erkenntnissen von Microsoft[51], werden sich allerdings nur große Unternehmen dauerhaft im Bereich der „Cloud IT", der laut Gartner auch noch einige Jahre Entwicklungszeit vor sich hat[52], behaupten können. Eine wichtige Grundlage für die wachsende Verbreitung von Cloud-Anwendungen sind die Entwicklung immer leistungsfähigerer Server-Hardware und besonders auch die immer besser ausgefeilten Virtualisierungstechniken.

Natürlich bietet sich die Nutzung von Cloud-Systemen gerade im mobilen Bereich an, da dort bisher nur wenig leistungsfähige Geräte zur Verfügung stehen und auf Grund der bisherigen Entwicklung von neuen Akku-Technologien und auch trotz der immer kleiner und sparsamer werdenden Chip-Technologien auch in Zukunft die Leistungsfähigkeit tragbarer Geräte nur bedingt zunehmen wird. Hier entstehen, in erster Linie für Unternehmen nützliche, neue mobile Dienste, die es auch dem Mitarbeiter unterwegs erlauben, rechenaufwändige und unterschiedliche Applikationen über das Handy oder Smartphone auszuführen. Hilfreich sind solche Services neben der erweiterten Kommunikation auch für die zeitnahe Information, die Bestellung und das Tracking von Waren.

Da die Abrechnung für die Nutzung eines solchen Dienstes meist auf Basis des Verbrauchs[53], also der Zeit, während der die Software genutzt wurde, geschehen soll, lassen sich die Kosten für den Service gut kontrollieren und nachvollziehen. Verbunden

---

47 Vgl. [ComW_SJun08] und [ComW_SApr08].
48 Vgl. auch: [ComW_WNov08].
49 Vgl. [ComW_SOkt08_2].
50 Vgl. [HeiseNov08] und die Linkliste am Ende des Artikels.
51 Vgl. [HeiseNov08_2].
52 Vgl. [ComW_SJun08].
53 Vgl. [ComW_SApr08_2].

mit dem Ausbau der mobilen Infrastruktur und dem damit verbundenen Anstieg der Geschwindigkeit bei gleichzeitigem Abfall der Bandbreitenkosten, kann sich ein Unternehmen mit Hilfe solcher Lösungen ein eigenes Rechenzentrum sparen und trotzdem flexibel und schnell auf die anfallenden Anforderungen reagieren.

5. Risiken

Die bereits aus der Vorlesung „Grundlagen der Datenkommunikation" (Prof. Junker-Schilling) bekannten Risikofaktoren bei der allgemeinen Datenübertragung werden hier nicht wiederholt. Damit werden die Themen Datensicherheit, Übertragungssicherheit, Authentizität, Anwendungssicherheit sowie Ausfallsicherheit nicht mehr explizit ausgeführt. Im Folgenden wird deshalb auf Probleme mit der optimalen Verteilung der Antennen und dem damit verbundenen Empfang eingegangen und die Themen Datenschutz, Überwachungsmöglichkeiten sowie vereinzelte Angriffsvektoren auf ein Mobilfunknetz behandelt.

Sowohl mit GSM und besonders über UMTS lassen sich die Aufenthaltsorte von Mobilfunkteilnehmern relativ präzise bestimmen, da das Endgerät sich in die jeweils erreichbare Funkzelle bzw. Antenne einwählen muss. Dem Missbrauch sind zwar einige Hürden gesetzt, da der Angreifer Zugriff auf die Geräte-Identifikation des jeweiligen Benutzers haben muss, jedoch können diese Informationen auch von Fremddienstleistern[54] mit der Zustimmung des jeweiligen Anwenders eingesehen werden. Mittlerweile existieren auch für GSM genaue Lokalisierungs-Verfahren, die unter anderem für die Ermittlungsarbeit des LKA Bayern entwickelt wurden[55]. Auch hier lässt sich eine Missbrauchsmöglichkeit leider nicht vollständig ausschließen.

Die Möglichkeit der Lokalisierung eines GPS-Empfängers ist dagegen aufgrund der Tatsache, dass diese Geräte momentan vorwiegend passiv arbeiten, deutlich komplizierter. Für eine GPS-Überwachung benötigt man daher eine Kombination aus einem passiven GPS-Empfänger und einem aktiven Sender, der die ermittelten Positionsdaten an Dritte weiterleitet. Für Location Awareness Advertising (LAA) wäre in diesem Zusammenhang, im Rahmen von Datenschutzbestimmungen, die vorangehende Zustimmung des jeweiligen Kunden notwendig.

---

54 Vgl. [HeiseJun06].
55 Vgl. [HeiseDez08].

Ein weiteres Datenschutzproblem zeichnet sich durch die verstärkte Nutzung von Cloud-Diensten ab: In Zeiten von verlorenen Kundendaten, nicht zuletzt bei T-Mobile, wird der Ruf nach strengeren Datenschutzgesetzen[56] immer lauter. Gleichzeitig müssen die Hersteller der Services versuchen, dem wachsenden Druck durch das Beheben der aktuellen Fehler und immer besser ausgearbeiteten Sicherheitskonzepten zu begegnen. Dieser Umstand zieht daher vermehrt Unternehmen an[57], welche durch das Angebot von Sicherheitslösungen, neuen -Services und -Verfahren ihren Umsatz steigern können.

Auch die Einbruchsmöglichkeiten[58] in ungesicherte und selbst gesicherte WLANs erfordern einen sorgsameren Umgang mit sensiblen Daten sowie ein den Gefahren gewachsenes Sicherheitskonzept.

Laut Aussage von IT-Security Spezialisten ist in naher Zukunft mit einer Ausweitung der aus dem PC-Bereich bekannten Botnetze zu rechnen.[59] Hierbei können übernommene Geräte auch für DDoS-Angriffe missbraucht werden, worunter im Endeffekt ganze (Mobilfunk-) Netze zu leiden hätten. Daraus ergibt sich auch die Möglichkeit eines gezielten Angriffs auf ein mobiles Gerät oder Mobilfunknetz. Außerdem besteht die Gefahr, dass mit wachsender Komplexität der mobilen Betriebssysteme die Anzahl von Trojanern und Viren auf Mobiltelefonen zunehmen wird.

Immer wieder in der öffentlichen Diskussion[60], aber in ihrer Gefährlichkeit noch nicht vollständig erfasst, stehen die mit den Mobilfunkfrequenzen verbundenen Strahlungs-Risiken. Der Streit erstreckt sich hier über die noch nicht bewiesene Schädlichkeit von so genanntem Elektrosmog in „geringen Dosen" bis zu standardisierten Strahlungs-Richtlinien. Auch wenn die Überschreitung der Grenzwerte und eine schädliche Wirkung der (hochfrequenten) Strahlung auf lebende Organismen bisher ausgeschlossen werden konnte, so liegen derzeit keine verlässlichen Daten über die Langzeitwirkungen[61], insbesondere die Auswirkungen auf die Erbinformationen (DNS) vor. Vor diesem Hintergrund empfiehlt sich ein gewissenhafter Umgang mit Funktechnologien, ohne jedoch vollständig auf die Vorteile dieser Technologie verzichten zu müssen.

In diesem Zusammenhang steht auch die Verbreitung bzw. der Ausbau des Funknetzes. Einer flächendeckenden Verbreitung von Mobilfunknetzen stehen zum einen

---

56 Vgl. [ComW_MDez08_2].
57 Vgl. [ComW_ISDez08].
58 Vgl. [Lehn03, S. 214 f.].
59 Vgl. [HeiseOkt08].
60 Vgl. [ZeitOkt05].
61 Vgl. [BFS08] und [EMF].

Bürgerrechtsbewegungen mit Sorgen um dem entstehenden Elektrosmog entgegen, zum anderen lohnt sich der Ausbau in vielen Fällen auch aus wirtschaftlichen Gründen nicht. Dazu sind in vielen Fällen auch Gelände- sowie Gebäude-Topologien ein Hindernis für eine optimale Verteilung der Antennen.

6 . Potential und Ausblick

Ihr volles Potential erreichen mobile Anwendungen durch die Kombinationen der vorgestellten Infrastrukturen. So bietet beispielsweise die Verbindung der Positionsbestimmung durch GPS zusammen mit GSM-Push-Diensten die Möglichkeit zu „Location Aware Advertising" (LAA). Hierbei können Unternehmen durch einen Abonnement-Service des Providers ortsabhängig individualisierte Werbung auf dem Mobiltelefon des Kunden einblenden lassen – sofern dieser der Übermittlung seiner Position zugestimmt hat. Die offensichtliche Effektivität derartiger Werbung erklärt das Engagement von Google bei der Entwicklung von Android. Die geschäftlichen Möglichkeiten umfassen darüber hinaus auch umfangreiche VoIP-Dienste, welche das Kostenniveau von Roaming und den Kommunikationskosten deutlich senken können. Smartphones mit (Assisted-) GPS können flächendeckend mit zusätzlichen, bandbreitenintensiven Datendiensten wie Verkehrsinformationen, Satellitenbildern und Wetterinformationen versorgt werden. Zudem können in Verbindung mit der fortschreitenden Verbreitung von Embedded Computing auch vermehrt Anwendungen auf der Basis dieser Vernetzung entwickelt werden. Ein Beispiel hierfür wäre die Kontrolle und Steuerung des eigenen Hauses mit Hilfe des Smartphones. Damit ergäbe sich die Möglichkeit die Heizung an zuschalten bevor man zu Hause ankommt oder sich zu vergewissern, dass alle Türen und Fenster fest verschlossen sind, während man sich auf dem Weg in den Urlaub befindet.

Die Verbreitung und der Umfang des Einsatzes mobiler Anwendungen ist allerdings stark von der verfügbaren Bandbreite und Netzabdeckung, d.h. dem Ausbau der Infrastrukturen für mobile Anwendungen abhängig. Nur eine ausreichend hohe Verfügbarkeit schafft den Rahmen für eine umfassende Nutzung des mobilen Internets und der effizienten Inanspruchnahme von Diensten der Mobile Cloud.

A Quellenverzeichnis

Literaturverzeichnis

- [BS06]: Thomas Barth, Anke Schüll; Grid Computing: Konzepte, Technologien, Anwendungen; Veröffentlicht von Vieweg+Teubner Verlag 2006.................16
- [Demb06]: Klaus Dembowski; Das Addison-wesley-handbuch der Hardwareprogrammierung; Veröffentlicht von Pearson Education 2006.................7
- [FK04]: Ian Foster, Carl Kesselman; The Grid: Blueprint for a New Computing Infrastructure; Veröffentlicht von Morgan Kaufmann 2004.................16
- [KD08]: Seminararbeit „Grid Computing: Technologien und Anwendungen in Wissenschaft und Wirtschaft", R. Karlovic & P. vom Dorp 2008.................16
- [Lehn03]: Franz Lehner; Mobile und drahtlose Informationssysteme: Technologien, Anwendungen, Märkte; Veröffentlicht von Springer, 2003.................6, 7, 12, 19
- [Lipp01]: VPN - Virtuelle Private Netzwerke: Aufbau und Sicherheit, Manfred Lipp; Veröffentlicht von Pearson Education, 2001.................8
- [Mans03]: Werner Mansfeld; Satellitenortung und Navigation: Grundlagen und Anwendung globaler Satellitennavigationssysteme; Veröffentlicht von Vieweg+Teubner Verlag, 2003;.................11
- [PSF+08]: Daryl C. Plummer, Charles Smulders, Leslie Fiering, Yefim V. Natis, Simon Mingay, Mark Driver, Jackie Fenn, Laura McLellan, Debbie Wilson; Gartner's Top Predictions for IT Organizations and Users, 2008 and Beyond; Gartner, 08. Januar 2008.................3
- [Scherff06]: Jürgen Scherff; OSI-Referenzmodell: Grundkurs Computernetze: Eine kompakte Einführung in die Rechnerkommunikation; Veröffentlicht von Vieweg+Teubner Verlag 2006.................7, 8
- [Tane04]: Andrew S. Tanenbaum; Computernetzwerke; Veröffentlicht von Pearson Studium, 4. Aufl. 2004.................9
- [TWL08]: Amy Teng, Jamie Wang, Ben Lee; Dataquest Insight: The Dynamics Behind Emerging Low-Cost Mini-Notebook PCs; Gartner, 04. August 2008;.................13

Linkverzeichnis

- [3GPP]: http://www.3gpp.org/ bzw. http://www.3gpp2.org/ (22.11.2008).................6

- [3GPP_GPRS] http://www.3gpp.org/article/gprs-edge (18.11.08)....................6
- [AmobileSep08]: http://www.areamobile.de/news/9815.html (20.11.08).......................7
- [BFS08]: http://www.bfs.de/de/bfs/druck/broschueren/bro_dmf.pdf............................19
- [BitKFeb08]: http://bitkom.de/de/presse/30739_50446.aspx..................................7
- [BlueT_Ov]: http://www.bluetooth.com/Bluetooth/Technology/Works/
  Overview_of_Operation.htm (22.11.2008)...............9
- [BNA_UMTS1]: http://www.bundesnetzagentur.de/media/archive/1771.pdf (19.11.08). 7
- [BNA_UWB1]: http://www.bundesnetzagentur.de/media/archive/12430.pdf
  (22.11.2008)...............10
- [BNA_UWB2]: http://www.bundesnetzagentur.de/media/archive/12424.pdf
  (22.11.2008)...............10
- [BNA_WLAN1]: http://www.bundesnetzagentur.de/media/archive/5009.pdf
  (20.11.2008)...............7
- [BNA_WLAN2]: http://www.bundesnetzagentur.de/media/archive/313.pdf (20.11.2008)
 7
- [CelTSep08]: http://www.central-
  it.de/html/networking_kommunikation/mobile/umts/6406711/ (19.11.08).....................7
- [ComW_ISAug08]: http://www.computerwoche.de/knowledge_center/it_services/
  1870304/ (01.12.2008)...............16
- [ComW_ISDez08]: http://www.computerwoche.de/knowledge_center/
  it_services/1880463/ (02.12.2008)...............19
- [ComW_MDez08]:
  http://www.computerwoche.de/knowledge_center/mobile_wireless/1881072/
  (05.12.2008)...............9
- [ComW_MDez08_2]: http://www.computerwoche.de/knowledge_center/
  mittelstands_it/1880499/ (02.12.2008)...............19
- [ComW_SApr08]: http://www.computerwoche.de/knowledge_center/
  software_infrastruktur/1860108/ (22.11.08)...............17
- [ComW_SApr08_2]: http://www.computerwoche.de/knowledge_center/software_
  infrastruktur/1860108/index5.html (22.11.08)...............17
- [ComW_SJun08]: http://www.computerwoche.de/knowledge_center/
  software_infrastruktur/1867485/ (22.11.2008)...............17
- [ComW_SOkt08]: http://www.computerwoche.de/knowledge_center/
  software_infrastruktur/1876567/ (22.11.08)...............16

- [ComW_SOkt08_2]: http://www.computerwoche.de/knowledge_center/ software_infrastruktur/1877179/ (22.11.08)..17
- [ComW_TJan06]: http://www.computerwoche.de/cebit/trends/570770/ (22.11.2008)....6
- [ComW_WFeb08]: http://www.computerwoche.de/knowledge_center/mobile_wireless/1855656/ (22.11.2008)..6, 10
- [ComW_WNov08]: http://www.computerwoche.de/knowledge_center/web/1877988/ (02.12.2008)..17
- [EMF]: http://www.emf-forschungsprogramm.de/ (01.12.2008)..19
- [HeiseApr06]: http://www.heise.de/newsticker/meldung/71815 (28.11.2008)..9
- [HeiseJun06]: http://www.heise.de/newsticker/meldung/73970 (02.12.2008)..18
- [HeiseJun08]: http://www.heise.de/netze/artikel/109040 (30.11.2008)..7
- [HeiseOkt08]: http://www.heise.de/newsticker/meldung/117603 (20.11.2008)..19
- [HeiseNov08]: http://www.heise.de/newsticker/meldung/119443 (22.11.08)..17
- [HeiseNov08_2]: http://www.heise.de/netze/news/meldung/118663 (23.11.08)..17
- [HeiseDez08]: http://www.heise.de/newsticker/meldung/119692 (02.12.2008)..18
- [IEEE802.11-07]: http://standards.ieee.org/getieee802/download/802.11-2007.pdf (22.11.2008)..7
- [IEEE_802.16]: http://standards.ieee.org/getieee802/802.16.html (22.11.2008)..9
- [IEEE_802.16-04]: http://standards.ieee.org/getieee802/download/802.16-2004.pdf (22.11.2008)..8, 9
- [Intel_UWB]: http://www.intel.com/technology/comms/uwb/download/Ultra-Wideband.pdf (01.12.2008)..9
- [IrDA_W]: http://irda.org/displaycommon.cfm?an=1&subarticlenbr=14 (22.11.2008)...9
- [NGMN]: http://www.ngmn.org/ (22.11.2008)..10
- [TecCMai06]: http://www.tecchannel.de/netzwerk/wan/438205/ umts_am_breitband_mobilfunk_fuehrt_kein_weg_vorbei/index7.html (20.11.08)..7
- [TecCJun08]: http://www.tecchannel.de/netzwerk/wan/1758443/ so_funktionieren_umts_und_hspa/index13.html (01.12.2008)..10
- [WimaxF1]: http://www.wimaxforum.org/ (22.11.2008)..8
- [WimaxF2]: http://www.wimaxforum.org/documents/faq/ (22.11.2008)..8, 9
- [WimaxTr]: http://www.wimaxtrends.com/ (28.11.2008)..9
- [Wimedia]: http://www.wimedia.org (01.12.2008)..9
- [ZeitOkt05]: http://www.zeit.de/2005/43/Strahlen (01.12.2008)..19

B Abkürzungsverzeichnis

3GPP	3rd Generation Partnership Project
AGPS	Assisted-GPS
ALP	Access Linux Platform
ASP	Application Service Providing
CDMA	Code Division Multiple Access
CPU	Central Processing Unit
DGPS	Differential Global Positioning System
DSL	Digital Subscriber Line
EDGE	Enhanced Data Rates for GSM Evolution
EDV	Elektronische Datenverarbeitung
EGNOS	European Geostationary Navigation Overlay Service
GLONASS	Globalnaya Navigatsionnaya Sputnikovaya Sistema
GNSS	Global Navigation Satellite System
GPRS	General Packet Radio Service
GPS	Global Positioning System
GPU	Graphical Processing Unit
GSM	Global System for Mobile Communications
HD	High Definition
HSCSD	High Speed Circuit Switched Data
HSDPA	High Speed Downlink Packet Access
HSOPA	High Speed OFDM Packet Access
HSUPA	High Speed Uplink Packet Access
IEEE	Institute of Electrical and Electronics Engineers
I/O	Input/Output
IPS	Instructions per Cycle

IrDA	Infrared Data Association
LAA	Location Aware Advertising
LTE	Long Term Evolution
MAN	Metropolitan Area Network
MBit/s	Megabit pro Sekunde
NAVSTAR-GPS	Navigational Satellite Timing and Ranging - Global Positioning System
NGMN	Next Generation Mobile Networks
OFDM	Orthogonal Frequency Division Multiplex
OS	Operating System
OSI	Open Systems Interconnection
PDA	Personal Digital Assistant
RIM	Research in Motion
SaaS	Software as a Service
SBAS	Satellite-Based Augmentation Systems
SDK	Software Development Kit
SMS	Short Message Service
UMPC	Ultra-Mobile PC
UMTS	Universal Mobile Telecommunications System
UWB	Ultra Wide Band
VPN	Virtual Private Networks
VoIP	Voice over IP
WCDMA	Wideband Code Division Multiple Access
WDS	Wireless Distribution System
WEP	Wired Equivalent Privacy
WiFi	Wireless Fidelity
WiMAX	Worldwide interoperability for Microwave Access

WLAN	Wireless Local Area Network
WPA	Wi-Fi Protected Access
WPAN	Wireless Personal Area Network